MAE GAN BAWB DEIMLADAU

EVERYBODY HAS FEELINGS

MAE GAN BAWB DEIMLADAU

EVERYBODY HAS FEELINGS

Jon Burgerman

Addasiad Llinos Dafydd

RILY

Megi

Blod

Cadog

Grwgyn

Berwyn

Mae gan bawb deimladau.
Da o beth yw hynny!

Everybody has feelings.
That's okay!

Llipwen

Conach

Dwlen

Glain

Hercyn

Macsen

Pogyn

Kaled

Penaig

Fflwffen

Hergest

Sut wyt TI yn teimlo heddi?

How are YOU feeling today?

Simsam

Dwmbwl

Marog

Sbarcli

Huwcyn

Rwy'n teimlo'n LLAWEN. Rwy'n dwlu bod tu fas.

I feel JOYFUL. I like playing outside.

Rwy'n teimlo CYWILYDD.
Mae ofn arnaf, sa i'n cael blas.

I feel EMBARRASSED.
I got scared on the slide.

Rwy'n teimlo'n DRIST.
Aeth fy hufen iâ i'r llawr.

I feel DISAPPOINTED.
I dropped my ice cream.

Rwy'n teimlo'n FALCH.
Rwy'n rhan o dîm nawr.

I feel PROUD.
I'm part of the team.

Rwy'n teimlo'n GYFFROUS.
Ble mae dechrau?

I feel EXCITED.
There's so much to do.

Rwy'n teimlo'n RHWYSTREDIG. Alla i ddim cau fy nghareiau.

I feel FRUSTRATED. I can't tie my shoe.

Rwy'n teimlo'n UNIG.
Rwyf ar ben fy hun.

I feel SAD.
I'm all alone.

Dere aton ni!

Come and join us!

Rwy'n teimlo wedi fy NGHARU.
Mae'n cyfeillgarwch yn un.

I feel LOVED.
Our friendship has grown.

Rwy'n teimlo'n BRYDERUS.
Pam? Wn i ddim.

I feel ANXIOUS.
I don't know why.

Rwy'n teimlo'n DDEWR.
Fe es i amdani, a lawr â fi'n chwim!

I feel BRAVE. I gave it a try!

Rwy'n teimlo'n OFNUS.
Rwy'n dechrau crynu.

I feel SCARED.
I don't think I'm ready.

Rwy'n teimlo'n DDIOLCHGAR.
Doist ti o hyd i fy nhedi!

I feel THANKFUL.
You found my teddy!

Rwy'n teimlo'n GENFIGENNUS.
Rwy'n awchu am fwrdd sgrialu.

I feel JEALOUS.
I want a skateboard.

Rwy'n teimlo'n SWIL.
Beth os bydda i'n ddychrynllyd?

I feel SHY.
I'm about to perform.

Rwy'n teimlo'n
GYFFORDDUS.
Rwy'n gynnes a
chlyd.

I feel CALM.
I'm cosy and warm.

Rwy'n teimlo'n HYDERUS. Rwy'n gwybod sut i sglefrio!

I feel CONFIDENT. I know how to skate.

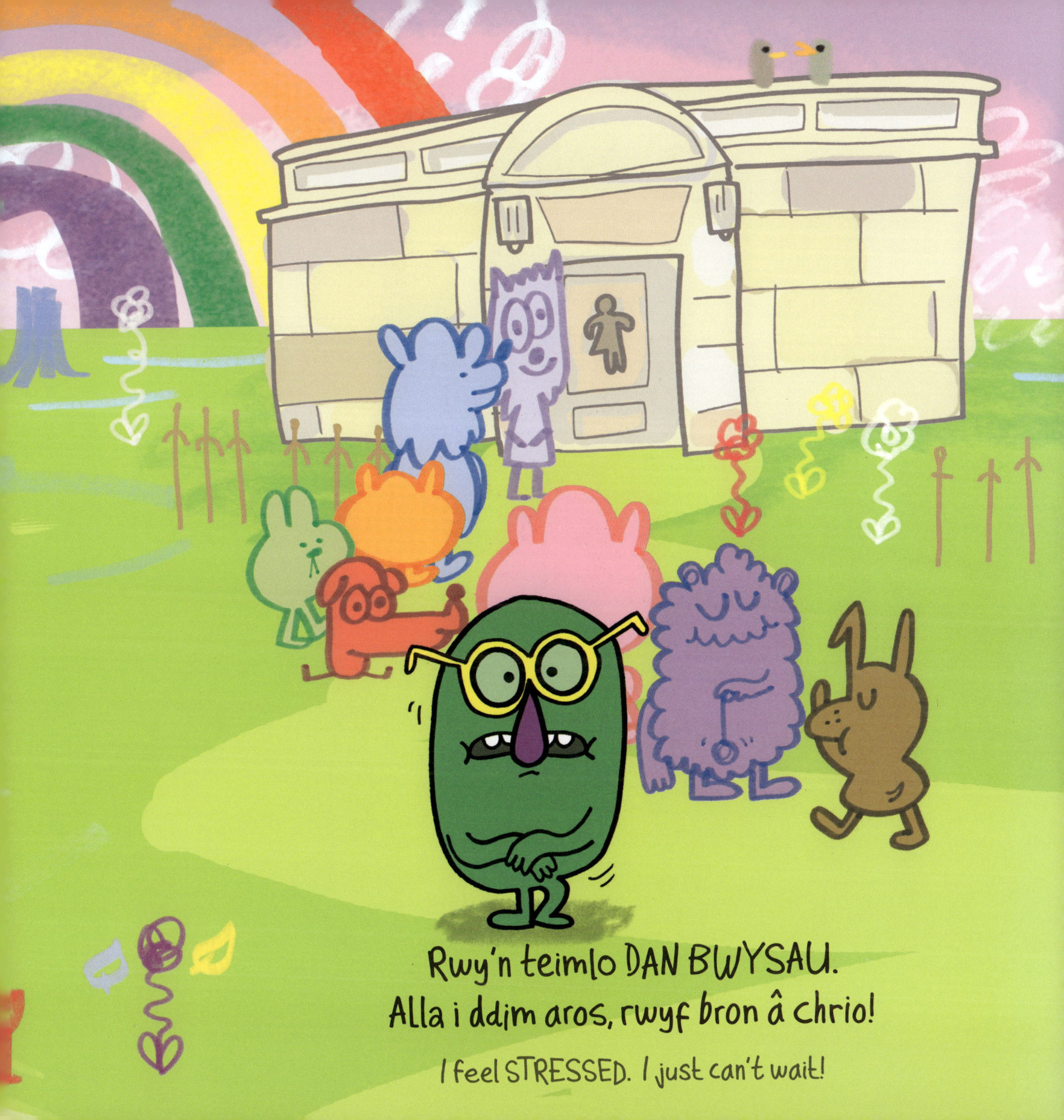

Rwy'n teimlo DAN BWYSAU.
Alla i ddim aros, rwyf bron â chrio!

I feel STRESSED. I just can't wait!

Rwy'n teimlo'n GLÊN. Dere i ni gael rhannu.

I feel KIND. Let's share these about.

Rwy'n teimlo wedi fy YSBRYDOLI. Mae'r parc wrth fy modd i.

I feel INSPIRED. I love the park.

Rwy'n teimlo'n FLINEDIG. Mae'n tywyllu, mae'n amser cysgu.

I feel TIRED. It's getting dark.

Rwy'n teimlo'n gyflawn
I feel complete.

Rwy'n teimlo fy mod i wedi
bwyta gormod o siwgr.
I feel like I ate too much sugar.

Rwy'n teimlo'n ffodus i gael
ffrindiau mor hael.
I feel lucky to have such
generous friends.

Rwy'n teimlo'n egnïol.
I feel energised.

Rwy'n falch o fy hun am
rannu fy nheimladau.
I feel proud of myself
for sharing my feelings.

Mae'n beth da i rannu ein teimladau.
Mae gwrando hefyd yn bwysig i ni.

Sharing our feelings is good to do.
Listening to each other is important too.

Wn i ddim sut rwy'n
teimlo ...
I'm not sure how
I feel...

Rwy'n barod i gael cyntun.
I feel ready for a nap.

Rwy'n hapus dy fod wedi
darllen y llyfr 'ma!
I feel happy you
read this book!

Rwy'n teimlo dylen i fod
yn fwy clên â gwyddau.
I feel I should be nicer
to geese.

Rwy'n teimlo'n iawn, mae
gan bawb ofn weithiau.
I feel okay, we all get
scared sometimes.

Does dim rhaid i ti wenu pan nad wyt ti'n teimlo fel gwneud.
You don't have to smile when you don't feel like it.

Rwy'n teimlo bod siarad am fy nheimladau wedi fy helpu.
I feel talking about my feelings helped me.

Mae'n iawn i deimlo'n drist weithiau.
It's okay to feel sad sometimes.

Rho wybod os oes angen cwtsh arnat ti.
Let me know if you need a hug.

Mae gan bawb deimladau
a da o beth yw hynny!
Sut wyt TI yn teimlo heddi?

We all have feelings
and that's okay!
How are YOU feeling today?

Mae teimladau'n newid drwy'r amser.
Feelings change all the time.

Rydyn ni yma i ti!
We're here for you!

Os na alli di ddweud sut rwyt ti'n teimlo, beth am geisio tynnu llun am dy deimladau?
If you can't say how you feel, maybe you can draw how you feel?

Mae teimladau'n ysbrydoli sut rwy'n mynegi fy hun.
Feelings inspire how I express myself.

Mae ffrindiau'n gwrando ar deimladau ffrindiau!
Friends listen to friends' feelings!

Rydyn ni'n dy garu!
We love you!

Cyflwynir y llyfr hwn i
Esther ac Aaron

This book is dedicated
to Esther and Aaron

Cyhoeddwyd gan Rily Publications Ltd 2022,
Blwch Post 257, Caerffili, CF83 9FL

Addasiad: Llinos Dafydd

Hawlfraint yr addasiad © Rily Publications Ltd 2022

Hawlfraint y testun a'r darluniau © Jon Burgerman 2020

Mae hawliau moesol yr awdur a'r darlunydd wedi'u
harddel ganddynt.

Cyhoeddwyd gyntaf yn Saesneg yn 2021 dan y teitl *Everybody Has Feelings*
gan Oxford University Press.

Mae'r cyhoeddwr yn cydnabod cefnogaeth ariannol Cyngor Llyfrau Cymru.

Mae cofnod catalog CIP o'r llyfr hwn ar gael gan y Llyfrgell Brydeinig.

ISBN 978-1-80416-288-0

Cysodwyd y prif destun mewn Burgerman 1.7
trwy ganiatâd yr awdur.

Argraffwyd yn China

Mae'r papur a ddefnyddiwyd i gynhyrchu'r llyfr
hwn yn gynnyrch naturiol, ailgylchadwy wedi'i
wneud o goed sy'mn tyfu mewn fforestydd
cynaliadwy. Mae'r broses gynhyrchu'n
cydymffurfio â rheoliadau amgylcheddol y wlad
lle comisiynwyd y llyfr yn wreiddiol.